LIVELLO 3 · A2
1500 parole

CW01655210

MODELLE, PISTOLE E MOZZARELLE

Alessandro De Giuli · Ciro Massimo Naddeo

Letture Italiano Facile

redazione: Chiara Sandri
progetto grafico e copertina: Lucia Cesarone
impaginazione: Gabriel de Banos
illustrazioni: Giampiero Wallnofer

A cura di Alessandro De Giuli: da pagina 16 a pagina 33
e da pagina 39 a pagina 44
A cura di Ciro Massimo Naddeo: da pagina 5 a pagina 15,
da pagina 34 a pagina 38 e da pagina 45 a pagina 62

Printed in Italy
ISBN 978-88-6182-391-4
prima stampa edizione aggiornata: luglio 2015

ALMA Edizioni
viale dei Cadorna 44
50129 Firenze
tel. +39 055 476644
fax +39 055 473531
alma@almaedizioni.it
www.almaedizioni.it

audio on line su
www.almaedizioni.it/italiano-facile

INDICE

PERSONAGGI

Antonio Esposito

Kate

Aida

Mozambo

Margaret

Parte prima
KATE

Capitolo I

traccia 1

– Mi chiamo Kate Maxwell.

Nell'ufficio dell'investigatore Antonio Esposito sono le nove e mezza di una fredda mattina d'ottobre. La donna è venuta senza appuntamento. Ha circa quarantacinque anni ed è ancora molto bella: alta, magra, i capelli lunghi e biondi, gli occhi azzurri come un cielo d'estate.
Mentre fuma una sigaretta, Esposito osserva la sua nuova cliente.

– Inglese?
– Americana, di New York.
– Ogni volta che sento la parola "America" tiro fuori la pistola – dice Esposito.
– Comunista?
– Amante della buona cucina. Guardi là... – l'investigatore indica con la mano il Mc Donald's del palazzo di fronte – Cosa vede?
– Un fast food. Perché?
– La gente – spiega Esposito – non sa più mangiare. La buona vecchia cucina di una volta è solo un ricordo. Colpa dei vostri Mc Donald's... Qui a Milano, per esempio, ci sono più fast food

note

investigatore • detective *Sherlock Holmes è un grande investigatore.*

pistola 

che ristoranti, ormai... Lei è in Italia per lavoro?
– No, cerco mia figlia.
– Uhm, i figli sono un brutto affare...
– Si chiama Margaret – continua la donna – Margaret Olmi. Suo padre era italiano. È morto quando Margaret era ancora bambina. Dopo la sua morte io e mia figlia abbiamo continuato a vivere in America. Una vita normale... Poi Margaret ha compiuto vent'anni ed è venuta in Italia. Qui a Milano ha trovato lavoro come modella. Sembrava felice. Mi telefonava spesso, all'inizio. Ma poi...
– ...poi non ha più avuto sue notizie – conclude Esposito.
– Sì, è così.
– Le aveva detto per chi lavorava?
– Mi aveva parlato di un certo Bruno Mozambo, uno stilista che fa dei vestiti particolari, di stile africano... Questo è tutto.

Esposito si alza. Prende una bottiglia di grappa dalla libreria. La storia di questa donna è interessante. Ma c'è qualcosa di strano in lei... Forse il suo modo di parlare, così freddo...

– Vuole un bicchiere di grappa?
– No, grazie.
– Peccato, è di ottima qualità. Vera grappa italiana... Vede signora Maxwell, il mio barista dice che il cognac è migliore, ma io preferisco la grappa...
– Signor Esposito, non sono venuta fino qui da New York per sentire questi discorsi. Questa è una foto di Margaret – tira fuori dalla borsa la fotografia di una ragazza bionda,

▸ note

grappa • tipico liquore italiano, di colore chiaro e molto alcolico.

con i capelli corti – Le servirà per le indagini. E questi sono cinquantamila euro. Gliene darò altri alla fine del lavoro, naturalmente. I soldi non sono un problema.

"Sono tantissimi"– pensa Esposito.

– Allora, accetta? – domanda la donna.
– D'accordo. Le telefonerò appena saprò qualcosa.

Capitolo II

traccia 2

Via Montenapoleone, nel centro di Milano. La via degli stilisti e dell'alta moda. Una strada molto elegante.
Al primo piano di un grande palazzo c'è l'atelier di Bruno Mozambo, uno degli stilisti più famosi e originali.
Quando Esposito arriva, verso le quattro del pomeriggio, la porta è aperta. La segretaria, una ragazza dalla faccia simpatica, gli sorride.

– Buonasera.
– Buonasera. Vorrei vedere il signor Mozambo, per favore.
– Ha un appuntamento?
– Lei che dice?
– Uhm... Direi di no. Non L'ho mai vista qui.

note

indagini • ricerche *La polizia ha fatto delle indagini ed ha trovato l'assassino.*
atelier • parola francese (usata anche in italiano) che vuol dire laboratorio, studio *Gianni è un artista e lavora nel suo atelier.*

– Infatti. È la prima volta che vengo. Mi chiamo Antonio Esposito.
– D'accordo. Aspetti un momento.

La ragazza prende il telefono; parla con qualcuno. Poi si alza:

– Venga – dice.

Esposito la segue attraverso l'atelier. Mentre cammina, osserva le stanze: ci sono quadri, sculture, mobili antichi e moderni... "Questo Mozambo dev'essere molto ricco" – pensa.

– Lei cerca qualcosa? – domanda la ragazza.
– Perché me lo chiede?
– Così... Lei ha la faccia di uno che cerca qualcosa... O qualcuno... Mi sbaglio?
– No, non si sbaglia – risponde l'investigatore – Cerco una modella.
– Lo sapevo. Non mi sbaglio mai, io.

"Questa ragazza sembra intelligente" – pensa Esposito – "Le piace parlare. Forse sa qualcosa..."

– Ha mai visto la ragazza di questa foto? – le chiede – Si chiama Margaret.
– Margaret... – ripete la segretaria – Margaret... No, non credo di conoscerla. Qui vengono tante ragazze. È difficile ricordarsele tutte. In questo momento, per esempio, ci sono dieci modelle che lavorano nell'atelier. Ma sono tutte di colore e nessuna di loro si chiama Margaret. Ecco... Siamo arrivati.

▸ note

sculture • oggetti d'arte come le statue *Il David di Michelangelo è una scultura molto famosa.*
di colore • dalla pelle nera *Nelson Mandela era un uomo di colore.*

Entrano in una grande sala. Al centro, alcune modelle stanno sfilando davanti ad un signore grasso, con i capelli ricci.
Le modelle – tutte nere, alte, bellissime – si muovono con grande eleganza. Portano dei vestiti dai colori vivaci, pieni di fantasia.
L'uomo grasso si avvicina ad Esposito:

– Le piacciono?
– Magnifiche. Sono donne stupende.
– Veramente io parlavo dei vestiti – dice l'uomo – Ma non importa... Qual è la ragione della sua visita?
– Cerco una ragazza americana. Una bionda di nome Margaret.
– Da un po' di tempo lavoro solo con ragazze nere. Sono più vicine allo stile dei miei vestiti. Il futuro è nell'Africa, amico mio. Venga... Andiamo a parlare nel mio ufficio.

fai gli ESERCIZI
vai a pagina 47

Capitolo III

traccia 3

Una stanza piccola, quasi vuota. Non ci sono né sedie, né poltrone, né divani. Solo un tappeto sul pavimento. Uno strano ufficio...

– Si accomodi – dice l'uomo.
– Non avrebbe una sedia?
– Sul tappeto staremo meglio. È un vero persiano. Mi è costato moltissimo.

note

stanno sfilando (inf. sfilare) • stanno passando davanti a qualcuno che guarda e osserva *I soldati stanno sfilando davanti al Presidente della Repubblica.*

tappeto 

"Che tipo..." – pensa Esposito.

– Questa è la stanza delle decisioni importanti – continua Mozambo – Ci vengo per pensare. Ma mi dica, signor...
– Esposito.
– ...signor Esposito: quella ragazza è una sua parente?
– No.
– Perché la cerca, allora?
– La cerco perché mi pagano. Sono un investigatore.
– Un investigatore... Interessante. Io amo molto le storie poliziesche. E Lei?
– Io no. Leggo solo libri di cucina.

Mozambo ride.

– Lei ha un gran senso dell'umorismo, signor Esposito.
– Per me la cucina è una cosa molto seria. A Napoli, la mia città, dicono che saper mangiare è un'arte.
– Ah, Lei è di Napoli...
– Sì, ma vivo a Milano da vent'anni. Qui c'è più lavoro per un investigatore. La gente è più ricca.
– È vero. A noi milanesi piacciono molto i soldi... – lo stilista ride di nuovo – Vede signor Esposito, a Milano diciamo che i soldi non sono mai troppi.
– A Napoli invece diciamo che dove ci sono troppi soldi spesso c'è un imbroglio.
– Che cosa vuol dire con questo?
– Niente, niente... È solo uno stupido modo di dire... Beh, comunque se ho capito bene, Lei non conosce quella ragazza.
– No, mi sembra proprio di no.

note

imbroglio • azione contro la legge o la morale *Pagare con dei soldi falsi è un imbroglio.*

Esposito si alza in piedi:

– Allora io vado. Mi deve scusare, ho molto da fare...
– Aspetti, ho un'idea. Venga alla sfilata di domani, al Salone della moda. Presento i miei nuovi lavori. Ci sarà molta gente. Forse potrà avere qualche informazione sulla ragazza. Questo è il biglietto d'invito. È mai stato ad una sfilata, prima d'ora?
– No.
– Vedrà, si divertirà.

Capitolo IV

traccia 4

All'uscita dall'atelier, poco dopo, la segretaria gli sorride un'ultima volta. Esposito la saluta senza molta attenzione. Fuori, il sole sta tramontando sulla città. Il cielo ha un colore rosa; un vento freddo attraversa Milano. A quest'ora le strade sono piene di gente: per molti, dopo una giornata di lavoro, è il momento di tornare a casa.
Esposito cammina verso la macchina. L'incontro con lo stilista non è stato molto utile. Nessuna informazione importante, nessuna traccia della modella, solo discorsi senza senso. "Un tipo molto strano" pensa. Sì, quell'uomo non gli era piaciuto. Troppo gentile, troppo amichevole. Sicuramente nascondeva qualcosa.

▸ note

sta tramontando (inf. tramontare) • sta scendendo *É sera, il sole sta tramontando dietro le montagne.*
nascondeva (inf. nascondere) • non mostrava, non faceva vedere *Quell'uomo nascondeva la verità. Non voleva dire chi aveva ucciso la signora Rossi.*

Forse qualcosa su Margaret, qualcosa che lui non doveva sapere...
Ma perché, allora, l'aveva invitato alla sfilata?
Vicino alla macchina, un uomo vende giornali.
Esposito legge un titolo in prima pagina:

NUOVO SCANDALO PER LE TANGENTI!

LA POLIZIA HA ARRESTATO TRE MINISTRI! CAMBIA IL GOVERNO?

Capitolo V

traccia 5

Le otto, ora di cena. Esposito torna a casa.
Il vecchio quartiere, alla periferia di Milano, non è molto allegro: palazzi alti e grigi, tutti uguali.
Come sempre, quando arriva a quest'ora, Esposito controlla il frigorifero. Un triste spettacolo: un po' della carne di ieri, tre uova, una cipolla e qualche pomodoro. Sul tavolo, solo del pane vecchio, un pacco di pasta e una bottiglia di vino. Ancora una volta ha dimenticato di fare la spesa. "Preparerò una cena leggera" – pensa

note

tangenti • i soldi che i politici chiedono illegalmente ai cittadini *Mario, per poter costruire la sua casa, ha dovuto pagare due tangenti di diecimila euro ai politici della città.*
periferia • la parte della città lontana dal centro *Ugo abita in periferia e lavora in centro.*

– "Prima di tutto l'antipasto: con il pane e i pomodori è possibile fare una bruschetta. Per il primo, invece, posso usare la carne e preparare degli spaghetti al ragù. Per il secondo, infine, una bella frittata con uova e cipolle. Al lavoro, allora. Ma prima, un po' di musica".
Lirica naturalmente, la sua grande passione. Rossini, Verdi, Puccini, Donizetti... Conosce a memoria tutte le loro opere. Com'è quell'aria de "L'elisir d'amore"? Ah sì...

Quanto è bella, quanto è cara
più la vedo e più mi piace.
Ma in quel cuor non son capace
lieve affetto d'inspirar...

Mentre canta, taglia la cipolla per il ragù. È contento, cucinare gli piace molto. Al ritmo della musica taglia in piccoli pezzi la carne. La mette in una pentola insieme alla cipolla, all'olio e ai pomodori. Poi aggiunge un po' di sale e mette tutto sul fuoco. Alle nove, finalmente, si siede a tavola.

Più tardi.

Quanto è bella, quanto è cara
più la vedo e più mi piace...
Il disco, nella stanza, continua a suonare. La cena era ottima, il vino anche. Esposito, sul divano, ha chiuso gli occhi. Mille

▸ note

antipasto • la prima parte di un pranzo o di una cena *Ieri sera, come antipasto ho mangiato del salame e del prosciutto.*
bruschetta • pane caldo con olio, aglio e pomodoro. Vedi la scheda a pag. 45.
ragù • salsa di carne e pomodoro. Vedi la scheda a pag. 46.
frittata • tipico piatto fatto con le uova; omelette. Vedi la scheda a pag. 46.
Ma in quel cuor non son capace/ lieve affetto d'inspirar... • ma non riesco a far nascere (a inspirar) l'amore (lieve affetto) nel suo cuore.

immagini nella sua testa: Kate Maxwell, le modelle africane, Bruno Mozambo e il suo tappeto persiano... Poi dei suoni strani, come gli squilli di un telefono: driiinnn... driiinnn.... Ma sì, è il telefono! Chi può essere a quest'ora?

– Pronto?
– Il signor Esposito?
– Sì, chi parla?
– Un amico. Ascolti bene: se non vuole problemi, resti fuori dal mondo della moda.
– Cosa?
– È tutto. Buonanotte, signor Esposito.

fai gli ESERCIZI
vai a pagina 49

Parte seconda
AIDA

Capitolo I

traccia 6

Al Salone della moda c'è una grande animazione. Tra qualche minuto inizierà la sfilata del famoso stilista Bruno Mozambo. Per l'occasione sono venuti giornalisti e fotografi dei principali giornali, attori, artisti, politici... Una serata molto esclusiva.
Esposito è seduto in una poltrona in fondo alla sala. Quando è entrato nel parcheggio con la sua vecchia Volkswagen, poco fa, il guardiano lo ha guardato in modo strano. Esposito non ha detto nulla. Ha mostrato il suo biglietto d'invito e ha parcheggiato accanto alle bellissime macchine degli altri invitati.
È venuto per capire: vuole conoscere questo mondo un po' misterioso della moda, studiare le sue regole, osservare le persone...

La serata comincia. Al ritmo di una musica africana, sfilano le modelle. Portano vestiti di tutti i colori, giacche, gonne, camicie, pantaloni... Si muovono avanti ed indietro come in una danza, girano su se stesse, si fermano, sorridono...
Il pubblico, soprattutto le signore (ricche e famose, elegantissime e molto snob), discute dei modelli più interessanti e si informa sui prezzi. I flash dei fotografi accendono la sala di mille luci.
Alla fine, dopo un'ora, Bruno Mozambo si presenta per salutare gli invitati. Tutti battono le mani.

▸ note

esclusiva • riservata a poche persone molto importanti.

– Grazie, grazie... Ora potete accomodarvi nell'altra sala per un cocktail – dice lo stilista.

"Bene" – pensa Esposito – "Cominciavo ad avere sete...".
Mentre si alza per andare a bere, si accende una sigaretta. È soddisfatto: il suo smoking nero è molto elegante. Un po' stretto, però. Lo ha comprato molti anni fa, quando era più giovane, e da allora è un po' ingrassato.
"Dovrò stare attento a non muovermi troppo"– pensa – "Ma dove diavolo è la sala cocktail?"

– Ciao bello, ti sei perso?

La ragazza, dietro la porta, è davvero molto carina. Dev'essere una modella...

– Stavo andando a bere qualcosa.
– Beh, questo è il bagno. Non troverai certo da bere, qui dentro.

"Uhm, che voce strana...".
La modella ha gli occhi rossi. Sembra molto nervosa.

– Allora, cosa fai: entri o esci?

"Occhi rossi, zucchero bianco nelle mani... Cocaina" – pensa Esposito.
Il detective richiude la porta. Non gli piace quello spettacolo. Forse anche Margaret era così, come quella ragazza. Forse era entrata nel mondo della droga... Un mondo difficile, pieno di pericoli... Ma allora, che possibilità aveva di ritrovarla viva?

Capitolo II

traccia 7

Quando arriva alla sala cocktail, poco dopo, gli altri invitati sono già lì. Discutono e bevono. Un gruppo di musicisti, in fondo alla sala, suona una musica jazz.
Mozambo è seduto insieme ad un uomo alto, con la barba.
Sorride. Intorno all'uomo ci sono alcuni fotografi. Sembra una persona molto importante.
"L'ho già visto" – pensa Esposito – "Ma non ricordo dove".
Si avvicina al tavolo degli alcolici e si versa un po' di whisky.
Ha una strana sensazione: qualcuno dietro di lui, qualcuno che controlla i suoi movimenti... Si gira, ma non vede nessuno. "È colpa della telefonata di ieri sera" – osserva – "Non devo più pensarci".

– Le è piaciuta la sfilata, signor Esposito?

La ragazza dell'atelier (la segretaria dalla faccia simpatica che ieri gli aveva sorriso) lo ha fermato per salutarlo.

– Cosa? Ah sì, è stata un'esperienza interessante...
– Lo sa? Lei è molto simpatico. Sono contenta di rivederLa.
– Beh, anch'io. Mi stavo annoiando qui dentro.
– Allora usciamo, ho qualcosa d'importante da dirLe.

Che cosa significava questa frase? La ragazza stava cercando una

▸ note

mi stavo annoiando (inf. annoiarsi) • non mi stavo divertendo. "Annoiarsi" è l'opposto di "divertirsi" *Ieri sera, alla festa di Sandra, mi stavo annoiando molto. Così, dopo un'ora ho deciso di tornare a casa.*

facile avventura? No, era troppo vecchio per lei. Forse voleva solo parlargli di Margaret.

fai gli ESERCIZI
vai a pagina 52

Capitolo III

traccia 8

Poco dopo.
L'aria della notte è come una mano fredda sui loro visi.

– Allora? – domanda Esposito – Che cosa mi deve dire?
– Possiamo darci del tu, non credi?
– D'accordo. Come ti chiami?
– Aida.
– Aida? Come l'opera di Verdi?
– Sì, i miei genitori amavano la musica lirica.
– Magnifico. Io invece mi chiamo Antonio.
– Lo so.
– Come fai a saperlo?

La ragazza sorride.

– Me lo hai detto ieri, all'atelier. Non ricordi?
– Ah sì, è vero.
– Ascolta... Conosco una persona che sa molte cose sulla modella americana. È una sua amica.
– Uhm... Interessante... Dove la trovo?
– Possiamo andarci adesso, se vuoi. Non è lontano.
– E il cocktail?
– Era noioso, no? Vieni... Prendiamo la mia macchina.

Cinque minuti dopo sono su un largo viale. Aida corre molto...

– Guidi sempre così, tu?
– Hai paura?
– No, ma non vorrei passare la notte a via Moscova. C'è molta polizia sulle strade a quest'ora.
– Non ti preoccupare, possiamo sempre scappare – scherza la ragazza – Ho una macchina velocissima.
– È proprio questo che mi preoccupa.

Piazza Castello, Via Puccini, Via Dante... La macchina attraversa il centro a tutta velocità. Finalmente, un quarto d'ora dopo...

– Ecco, ci siamo. Tu scendi e aspettami là, davanti a quel palazzo bianco. Io vado a parcheggiare dietro l'angolo.
– D'accordo. Non credevo di arrivare vivo fino a qui.

Scende. Dopo una corsa in macchina, è bello camminare con i propri piedi, respirare l'aria fresca della notte, guardare le stelle nel cielo...
Si ferma davanti al palazzo bianco. Lei ha detto di aspettarla qui.
"Va bene, ma perché non arriva? Sono passati dieci minuti ormai... Dov'è andata?"
Un rumore di passi...

– Sei tu, Aida?

Non ha il tempo di sentire la risposta. I pugni dei due uomini, nel buio, sono come dei treni contro la sua faccia. Uno, due, tre colpi...

– Aaahhh... Basta!

▸ note

via Moscova • a Milano, è la via dove si trova la stazione dei carabinieri (polizia).

Cade a terra, la faccia sporca di sangue.

– Ti avevamo detto di stare attento – dice uno dei due uomini – Ma tu non hai ascoltato il consiglio. Forse, adesso capirai.

Poi, nel silenzio, il rumore di una moto che parte. I due uomini scompaiono nella notte.
Esposito si rialza. È ancora vivo. Solo un occhio nero e qualche dolore al braccio. Niente di serio, per fortuna.
Dietro l'angolo, nessuna traccia della ragazza. È stato uno stupido... Sì, un vero principiante... "Sono uno stupido" – ripete, mentre torna a casa a piedi.

Capitolo IV

traccia 9

La mattina dopo.
Un forte dolore alla testa e una grande stanchezza... Ieri sera per arrivare a casa ha dovuto camminare a lungo. La ragazza l'aveva portato dall'altra parte della città. Già, la ragazza... Forse poteva trovarla ancora all'atelier. Ma era veramente una segretaria?

Quando arriva in via Montenapoleone, due ore dopo, è già mezzogiorno. Il sole è alto nel cielo. Parcheggia la macchina (è andato a riprenderla al Salone della moda) ed entra nell'atelier.

– Buongiorno.

Davanti a lui c'è una donna magra, con gli occhiali.

– Buongiorno, signora. Vorrei parlare con Aida, per favore.

– Mi dispiace. Aida non è venuta questa mattina.
– Dove la posso trovare?
– Quando tornerà al lavoro, la potrà trovare qui.
– Già, che stupido... Quando tornerà, la troverò qui. Semplice no?

Era chiaro: nell'atelier tutti nascondevano qualcosa. Ma cosa? La verità su Margaret? O forse un segreto più grande?
"Devo scoprirlo" – pensa – "Non mi piacciono i misteri".

– Buongiorno signor Esposito, cosa ha fatto alla faccia?

È Mozambo. Ha uno strano sorriso...

– Un piccolo problema, niente di serio.
– Stia più attento la prossima volta. Il lavoro di un detective può essere molto pericoloso...
– È un consiglio?
– Sì, un consiglio da amico...

Senza aggiungere altro, lo stilista ritorna nel suo ufficio.

Esposito è uscito dall'atelier molto pensieroso. Le parole di Mozambo, poco prima, erano state chiare: doveva stare attento, molto attento...
Con mille pensieri nella testa, cammina verso il parcheggio. Un vento freddo attraversa la città. Per le strade, la gente porta già i vestiti invernali. Tutto è un po' grigio, malinconico.
"E questo cos'è?"

note

malinconico • triste *Gianni oggi è molto malinconico, sta pensando alla sua famiglia lontana.*

Sulla macchina, qualcuno ha lasciato un biglietto:

> VIENI IN PIAZZA DEL
> DUOMO ALLE 13.
>
> UN'AMICA

"Uhm, ci sono troppi amici in questa storia... Ma se voglio scoprire qualcosa, devo andare".

fai gli ESERCIZI
vai a pagina 53

Capitolo V

traccia 10

Il duomo, ore tredici. Molta gente nella piazza. Esposito controlla l'orologio. È arrivato puntuale, come sempre, ma ancora non sa chi deve incontrare. Mentre aspetta, si accende un'altra sigaretta.

– Il fumo fa male, non lo sai?

Aida... Dunque era lei l'amica misteriosa.

– Cosa fai qui?
– Volevo scusarmi per ieri sera. Mi dispiace molto.
– Sei una bugiarda.
– È la verità. Io non sapevo nulla di quei due uomini. Mi devi credere.

note

bugiarda • persona che non dice la verità *Maria è una bugiarda, dice di avere trent'anni e invece ne ha quaranta.*

Esposito la guarda. La ragazza sembra sincera.

– Perchè mi hai portato là, allora?
– Io non volevo, mi hanno obbligata.
– Chi? Mozambo?
– Sì, è stato lui.

Non si era sbagliato, dunque. Le sue impressioni erano esatte: lo stilista aveva paura delle sue indagini; per questo ieri sera aveva mandato quei due uomini.

– Conoscevi Margaret, vero?

Aida abbassa la testa. Comincia a parlare:

– Lavorava nell'atelier, ma non ero una sua amica. Lei stava sempre da sola, non parlava con nessuno. Aveva dei problemi...
– Droga?
– Cocaina. Come molte altre modelle, aveva cominciato a prenderla per non ingrassare.
– E poi non è più riuscita a smettere – osserva Esposito.
– Sì, è così. Alla fine Margaret lavorava solo per comprarsi la droga. Aveva sempre bisogno di soldi.
– Dov'è adesso?
– Non lo so. Prima abitava in una mansarda di via dei Platani, al numero tre. Ma qualche mese fa, ad una sfilata, aveva conosciuto un politico molto importante. Era diventata la sua amante. Non l'ho più vista, da allora.

note

sincera • persona che dice la verità, l'opposto di "bugiarda" *Paola è una ragazza sincera, io credo alle sue parole.*
mansarda • appartamento all'ultimo piano di un palazzo, proprio sotto il tetto.

– Il nome di quel tipo... – dice Esposito.

– Cosa?

– Voglio sapere il nome di quel tipo, il politico... Come si chiama?

Aida non risponde. È chiaro che ha paura.

– Adesso devo andare – dice – Qualcuno potrebbe vederci. Ti piace l'opera?

– L'opera? Certo... Ma... Che cosa vuoi dire?

– Vai davanti alla Scala, e capirai.

Capitolo VI

traccia 11

Aida è andata via. Lo ha lasciato in mezzo alla piazza, come uno stupido. Che cosa significavano le sue parole? Non riusciva a capire...

Con la sigaretta accesa, cammina verso la Scala. Ha fatto molte volte questa strada. In quel teatro ha visto tanti spettacoli.

"Il Teatro dell'Opera più famoso del mondo" – pensa.

Davanti all'entrata, a quest'ora, non c'è nessuno. Il pomeriggio non ci sono spettacoli.

note

Scala • è il Teatro dell'Opera della città di Milano.

Legge il programma.

"Uhm, magnifica opera. Ma continuo a non capire...".
Perché Aida gli aveva detto di andare là? Era solo un gioco? No, la ragazza gli era sembrata sincera. E poi, gli aveva detto molte cose interessanti: che Margaret aveva dei problemi con la droga; che aveva un amante misterioso; e che aveva abitato per un po' di tempo in una mansarda di via dei Platani.
"Già, via dei Platani... È nella zona dei Navigli, non è lontano da qui. Con la metropolitana sono solo dieci minuti".
Decide di andare. Entra nella prima stazione e compra un biglietto.

fai gli ESERCIZI
vai a pagina 55

▸ note

metropolitana • il treno che viaggia in città *Per andare in centro preferisco prendere la metropolitana, perché è più veloce della macchina.*

Capitolo VII

traccia 12

Via dei Platani è una strada stretta, con molti alberi. Al numero tre c'è un palazzo di quattro piani. Di fronte, un piccolo bar. "Fa freddo – pensa Esposito quando arriva – "Prima di salire, ho bisogno di una grappa".
Il detective entra nel bar e beve un bicchiere. Il barista, un uomo di cinquant'anni con una pesante camicia marrone, sta guardando il telegiornale.

– Che ladri! – dice – Ha sentito? Anche i ministri prendevano tangenti. Non c'è più niente di buono in questo paese.
– Ha ragione – risponde Esposito con il bicchiere in mano – Non c'è più niente di buono. "E anche la grappa" – pensa – "Non è più come una volta".

Poi si gira a guardare il palazzo di fronte.
"Dev'essere all'ultimo piano, Aida ha parlato di una mansarda".
Quando esce dal bar, dieci minuti più tardi, si accende una sigaretta. Entra nel palazzo e comincia a salire le scale.
"Uhf, che fatica! Sto diventando vecchio... Forse Aida aveva ragione: fumare mi fa male".
Al quarto piano, bussa ad una porta. Un ragazzo con i capelli lunghi gli apre.

– Cosa c'è? – domanda.
– Buongiorno – dice Esposito – Abita qui la signorina Margaret?

Il ragazzo richiude subito la porta, senza rispondere.
"Uhm, che strano..."

Bussa di nuovo. Il ragazzo riapre.

– Ancora tu? – dice.
– Ti ho chiesto se la signorina Margaret abita qui – ripete il detective – Non hai capito?
– Vai al diavolo...

Questa volta il ragazzo non ha il tempo di richiudere. Esposito è più veloce di lui. Con un pugno lo fa cadere per terra; poi tira fuori la pistola.

– Hai dieci secondi per rispondere – gli dice – Dopo sparo. Allora, dov'è Margaret?
– Io... Io non lo so. Ho affittato l'appartamento da due mesi. Non conosco nessuno. So solo che una ragazza americana abitava qui prima di me... Ha lasciato una borsa con dei vestiti... Poco fa sono venuti due uomini a prenderla. Non so altro... Per favore, non voglio morire...

"Due uomini..." – pensa Esposito – "Ma da dove sono usciti?"

– Io non ho visto nessun uomo – dice – E tu sei un bugiardo.
– È la verità. Ci sono due uscite nel palazzo: quella di via dei Platani e quella di via delle Querce. Forse è per questo che non li hai incontrati.
– Maledizione!

▸ note

sparo (inf. sparare) • uso la pistola *"Fermo o sparo!" – ha gridato il poliziotto al criminale.*

Capitolo VIII

traccia 13

È sceso dalle scale in un secondo. È arrivato al piano terra ed è uscito dalla parte di via delle Querce.
Sulla strada, a trenta metri di distanza, due uomini con una borsa rossa.

– Fermi! – grida.

Troppo tardi. Appena lo vedono, i due uomini salgono su una moto e partono.
"La stessa moto... Sono gli uomini di ieri sera. Ed io non ho la macchina per seguirli. Che stupido..."

– Taxi, signore?

Un tassista, un uomo anziano con i capelli bianchi, si è fermato accanto ad Esposito.

– Presto, segua quella moto!
– Per gli inseguimenti il prezzo è doppio – dice il tassista.
– Va bene, va bene... Andiamo.

Il taxi parte a tutta velocità. Corre per i viali dei Navigli. Non è facile, per una macchina, seguire una moto nel traffico milanese. Ma il tassista guida molto bene.

– Non si preoccupi – dice – Non scapperanno.

note

piano terra • parte di un edificio al livello della strada *Il mio ufficio è al piano terra di un palazzo antico in centro.*
doppio • due volte *10 è il doppio di 5.*

La moto passa veloce per le vie del centro, poi continua verso la periferia, nella zona di Sesto S. Giovanni. Il taxi la segue a pochi metri di distanza. Intorno a loro c'è la campagna.

– Vada più vicino – dice Esposito.
– Che cosa vuol fare?
– Qualcosa che li fermerà.

Il detective tira fuori la pistola. Dal finestrino della macchina, spara un colpo contro una ruota della moto.
È la fine della sua corsa.

– Bel colpo! – dice il tassista.

I due uomini sono a terra. La moto è andata contro un albero...
Il taxi si ferma al lato della strada.
Quando Esposito scende, i due uomini si alzano e cominciano a correre.

– Stanno scappando! – grida il tassista.
– Non importa. È la borsa che m'interessa.

La borsa è là, davanti a lui. La apre: una camicia, un paio di scarpe, una gonna... C'è anche un quaderno. Dentro il quaderno, la pagina di un giornale con la fotografia di Mozambo e di un uomo alto, con la barba.
"L'uomo della sfilata" – pensa il detective.
Sotto la fotografia, un titolo:

LO STILISTA BRUNO MOZAMBO E IL MINISTRO DEGLI ESTERI GIUSEPPE DI SIVIGLIA: I DUE UOMINI DEL GIORNO

Di Siviglia? Ma certo! Era lui l'amante di Margaret! Aida era stata molto spiritosa... Il cognome del politico era contenuto nel titolo dell'opera di Rossini!

"È un uomo importante e famoso" – pensa – "Per questo credevo di conoscerlo".

Osserva il quaderno: all'inizio di ogni pagina c'è una data, poi molte frasi e pensieri, come in un diario.

fai gli ESERCIZI
vai a pagina 57

note

spiritosa • una persona che gioca e scherza, che ha molto humor *Carla racconta sempre delle storie divertenti; è una ragazza molto spiritosa.*

Parte terza
MARGARET

traccia 14

5 gennaio

L'Italia mi piace. Sono arrivata da una settimana e ho già conosciuto molte persone. La gente è simpatica, gentile. L' America, da qui, sembra così lontana... Non so ancora cosa farò, ma credo che starò molto bene.

9 gennaio

Con Parigi, Milano è la capitale della moda. Ci sono gli atelier degli stilisti più famosi. Le modelle sono tantissime. Vengono da tutti i paesi del mondo, ma specialmente dagli Stati Uniti. Io passo il mio tempo in giro per la città: passeggio per le vie del centro e mi fermo a guardare le vetrine dei negozi. Tutto è nuovo e interessante. Il tempo passa veloce.

12 gennaio

Oggi mi sono alzata presto. Ho preso il treno delle sette e sono scesa nella stazione di un piccolo paese, vicino ad un lago. Senza pensare, ho cominciato a camminare nell'aria fresca del mattino; dopo un po' sono arrivata in un posto molto bello, calmo e silenzioso. Non c'erano case, ma solo un piccolo ristorante e un antico convento. Nel ristorante ho ordinato qualcosa da mangiare; mi hanno dato un piatto buonissimo, dal nome strano: "mozzarella in carrozza". Non dimenticherò mai questa bella giornata.

▸ note

vetrine (singolare: vetrina) • È la parte esterna di un negozio, visibile dalla strada *Mentre cammino, mi piace guardare le vetrine dei negozi.*
convento • posto dove vivono le comunità di religiosi.

17 gennaio

Ho trovato un lavoro! Oggi sono stata nell'atelier dello stilista Bruno Mozambo; sapevo che stava cercando delle nuove modelle per le sue sfilate. Quando sono arrivata c'erano anche altre ragazze, ma molte non andavano bene: o erano troppo basse, o troppo alte, o troppo giovani... Lui ha scelto me e due altre modelle, una spagnola ed una svedese. È un uomo molto originale, un vero artista. I suoi vestiti in stile africano sono fantastici.

18 febbraio

Sono contenta, ma anche un po' stanca. Il lavoro è duro. Rimango in piedi molte ore al giorno. La sera, quando arrivo a casa, ho solo voglia di andare a letto. Ho scoperto che alcune ragazze prendono cocaina prima delle sfilate. Mi hanno detto che aiuta a non sentire la stanchezza e a non ingrassare.

23 febbraio

Mozambo è amico di molti politici ed il suo atelier è sempre pieno di gente importante. Spesso viene anche il Ministro degli Esteri, Giuseppe Di Siviglia. Ho saputo che è una persona molto "discussa". Ogni volta che c'è uno scandalo i giornali scrivono il suo nome, ma fino ad oggi nessuno è riuscito a trovare niente contro di lui. Di Siviglia non è uno stupido, è un vero politico...

25 febbraio

Ho provato la cocaina per la prima volta: una sensazione strana, di grande energia... Credo che lo farò ancora.

note

discussa • criticata, giudicata in modo negativo.

18 marzo

Lavoro, ancora lavoro...
La cocaina mi aiuta molto. Ieri sera, dopo la sfilata, il ministro Di Siviglia mi ha invitata a cena. Gli ho detto di no. Quel tipo non mi piace.

16 aprile

Non riesco più a stare senza la cocaina. Ne prendo moltissima, anche tre volte al giorno, e spendo molti soldi. Come farò? Adesso sono le dieci di sera. Con me non c'è nessuno e la casa mi sembra troppo grande. Mi sento sola. Nel mondo della moda non è possibile avere dei veri amici.

20 aprile

Ancora un invito di Di Siviglia. Anche questa volta gli ho detto di no. Lui continua a mandarmi dei fiori e a farmi dei regali, ma io non cambio idea. Faccio bene? Le altre ragazze dicono che sono una stupida.

6 maggio

Sono senza un soldo. Ho speso tutto quello che avevo per comprare la droga. Ne ho ancora bisogno, sto male.

10 maggio

Jenny, la modella australiana che mi vende la cocaina, mi ha presentato dei suoi amici. Sono stranieri. Lavorano per l'Organizzazione, un gruppo internazionale di trafficanti. *Mi hanno detto che con loro potrei guadagnare molti soldi. Io ho una grande confusione nella testa. Non capisco più la differenza tra il bene il male. So solo che ho bisogno di quei soldi.*

▸ note

trafficanti • persone che comprano e vendono illegalmente *I trafficanti di droga comprano la cocaina in Sud America e la vendono in Europa.*

15 giugno

Sono diventata l'amante di Di Siviglia, il Ministro degli Esteri. Lo accompagno nei suoi viaggi di lavoro in giro per il mondo. In questo modo posso portare la droga da un paese all'altro senza problemi. Quando sono con lui, nessuno mi controlla. L'Organizzazione mi paga molto bene.

10 luglio

Da un po' di tempo non mi sento bene. Non dormo, non mangio, sono sempre nervosa. È colpa della cocaina?

25 luglio

Ancora un viaggio con Di Siviglia. L'Organizzazione è molto contenta di me. Di Siviglia non si accorge di niente, è troppo occupato con il suo lavoro. Per lui sono solo la sua amante.

7 agosto

Grande festa in una discoteca di Rimini per il compleanno di Mozambo. Ci siamo anche io e Di Siviglia, naturalmente. Ormai conosco questo tipo di serate: balliamo tutta la notte e incontriamo gente ricca e importante. I soldi e la cocaina non mi mancano, ho tutto quello che voglio ma non sono felice.

20 agosto

Ho ascoltato una telefonata tra Di Siviglia e Mozambo. Hanno parlato di una tangente di trecento milioni e di altri strani affari. Ora capisco: Di Siviglia usa il suo potere per fare dei favori a Mozambo, e Mozambo lo paga con le tangenti.

note◂

si accorge (inf. accorgersi) • capisce, si rende conto *Andrea è una persona sensibile, si accorge subito se ho un problema.*

25 agosto

Nuovo viaggio per l'Organizzazione. Sto male, la cocaina mi sta uccidendo. Non posso continuare così.

30 agosto

Oggi ho parlato con Juan, uno dei capi. Gli ho detto che non voglio più lavorare con loro, che ho bisogno di uscire da tutto questo. Mi ha risposto che non è possibile. Ormai per l'Organizzazione sono diventata troppo importante. E so troppe cose.

8 settembre

Stanotte ho fatto un sogno: mi trovavo in un posto senza nome; ero seduta ad un tavolo con delle persone sconosciute e mangiavo un piatto buonissimo, come in quel ristorante sul lago; ero felice; intorno a me c'era una grande calma. Poi mi sono svegliata ed ho capito che avevo solo sognato.

10 settembre

Accompagno Di Siviglia in Oriente, in un viaggio di lavoro. Ad Hong Kong qualcuno mi darà una valigia con la droga. Io dovrò portarla in Italia, come al solito. Ho deciso che è l'ultima volta.

20 settembre

L'Organizzazione mi ucciderà. Ieri sera ho lasciato Di Siviglia. Non farò più quei viaggi.

fai gli ESERCIZI
vai a pagina 59

EPILOGO

traccia 15

Lago di Como, vicino Milano.
Sono le otto di sera. Una ragazza dai capelli biondi è seduta sul letto. Come ogni sera, sola nella sua stanza, sta aspettando la cena.
Qualcuno bussa alla porta...

– È Lei, suor Teresa?

Apre.

– Buonasera Margaret.

Non è suor Teresa. Davanti a lei c'è un uomo con i capelli neri, né alto né basso. Il suo nome è Antonio Esposito.

– Posso entrare? – domanda il detective.

Sorride. Ha fatto molti chilometri per arrivare fino a qui, ma ora è soddisfatto: la sua ricerca è finita.

– È bello qui – dice – Calmo, silenzioso... Un posto magnifico per nascondersi.

Mentre parla, cammina per la stanza. Osserva i pochi mobili: il letto, il tavolo, una sedia... Si accende una sigaretta.

– Cosa aspetta ad uccidermi? – dice Margaret – Conosco le regole dell'Organizzazione. So che è venuto per questo.
– Ti sbagli. Non sono venuto per ucciderti.
– Come?

note

suor • suora, religiosa cattolica.

La ragazza è sorpresa, non capisce. Chi è quest'uomo? Che cosa vuole da lei?

– Vedi Margaret, tu non mi conosci ma io so bene chi sei. All'inizio non riuscivo a capire. Pensavo ad un delitto. E Mozambo si comportava in modo strano, aveva paura delle mie indagini... "È lui il mio uomo" – pensavo. Ma mi sbagliavo, Mozambo non sa nulla. Aveva paura di me perché potevo scoprire qualcosa sui suoi affari con Di Siviglia, qualcosa sulle tangenti... Per questo ha mandato i suoi uomini a cercare il tuo diario: voleva nascondere la verità sulla sua amicizia con il ministro. A proposito, lui e Di Siviglia adesso sono in prigione. La polizia li ha arrestati questa mattina.

Esposito si ferma, guarda Margaret. La ragazza lo sta ascoltando con molta attenzione.

– Quando ho trovato il tuo diario – continua il detective – ho capito tutto: che Mozambo non sapeva niente e che tu stavi scappando perché quelli dell'Organizzazione ti volevano uccidere.
– È così – dice Margaret – Ma Lei perché mi cerca? Cosa vuole da me?
– Sono un investigatore. Qualche giorno fa è venuta una donna, nel mio ufficio. Mi ha dato molti soldi per indagare sulla tua scomparsa. Ha detto di chiamarsi Kate Maxwell e di essere tua madre.
– Cosa? Mia madre? Ma è morta due anni fa!
– Lo immaginavo...

Sì, lo immaginava. Quella donna non gli era piaciuta: troppo

▸ note

delitto • uccisione, omicidio *Uccidere un uomo è un delitto.*

fredda per essere una vera madre; e poi, gli aveva dato troppi soldi per una semplice indagine. Ora era tutto chiaro, finalmente: Kate Maxwell lavorava per l'Organizzazione!

– Complimenti, signor Esposito. Lei ha fatto un ottimo lavoro!
– Kate!?

Sì, è Kate. Lo ha seguito fino a qui, ed ora è sulla porta, con una pistola in mano...

– Come stai Margaret? Sei andata via senza dire niente, da un giorno all'altro... All'Organizzazione non è piaciuto il tuo comportamento. Non hai rispettato le regole Margaret, ed ora devi pagare.

Kate cammina verso la ragazza. La sua voce è fredda; la pistola, nella sua mano, è pronta a sparare.

– Cos'hai, Margaret? Non dici niente? Non hai paura di morire?
– No, non ho paura. È meglio la morte che una vita come la mia...
– Molto bene. Tutto sarà più facile, allora – la donna si avvicina ancora; guarda Esposito – Dovrò uccidere anche Lei, signor Esposito. Mi dispiace, in fondo era un buon detective.
– Lo penso anch'io – dice Esposito.

Ora Kate è a un metro. Si ferma. I suoi occhi sono di ghiaccio.

– Adesso... – dice.

Con molta calma, alza la pistola. Da questa distanza non può sbagliare: un colpo alla testa o al cuore... Che cosa aspetta a sparare?

– AAAAHHH!

Kate Maxwell è caduta a terra senza capire. La suora, dietro di lei, l'ha colpita in testa con la bottiglia dell'acqua. È venuta a portare la cena, come al solito...

– Suor Teresa!
– Sì Margaret, sono io. Devo stendere anche lui?
– No, no... Lui è un amico. Grazie a Dio è arrivata in tempo!

Qualche giorno dopo, a Milano.
Via Moscova, stazione dei carabinieri.
Esposito sta finendo di raccontare la storia di Margaret all'ispettore Pino Occhiofino.

– ...quando ha deciso di scappare, Margaret non sapeva dove andare. Gli uomini dell'Organizzazione la stavano cercando per ucciderla. Così si è ricordata di quel convento. Le suore sono state gentili: le hanno dato da mangiare e una stanza da letto per dormire. Non le hanno fatto nessuna domanda. Lei non parlava mai, restava tutto il giorno chiusa nella sua stanza senza vedere nessuno. Soltanto la sera, verso le otto, apriva la porta a suor Teresa per la cena. Poi sono arrivato io e...
– Sì, ora è tutto chiaro signor Esposito. Un'ultima domanda: come ha fatto a capire che la ragazza era nascosta in quel

note

stendere • mettere k.o., buttare giù, far cadere *Nella boxe, vince chi riesce a stendere l'avversario.*

convento?

– A Margaret quel posto piaceva molto. Nel suo diario parla di un posto calmo e silenzioso, sul lago. Così sono andato a vedere.

– Ma non c'è solo quel lago vicino a Milano. Ed anche i conventi sono molti...

– Non è stato difficile. Nel suo diario Margaret parla di un convento vicino ad un piccolo ristorante e di un piatto molto buono di mozzarella in carrozza...

– E allora?

Esposito sorride.

– Vede ispettore, la mozzarella in carrozza è una specialità tipicamente napoletana. Non è semplice da preparare. In tutta la zona c'è un solo ristorante che la sa cucinare in modo perfetto. Io lo conoscevo bene, naturalmente, e ho capito subito.

– Complimenti, signor Esposito. Lei è stato bravissimo.

– Grazie, ma con la mozzarella non potevo sbagliare!

FINE

fai gli ESERCIZI
vai a pagina 61

SCHEDA CULTURALE Le ricette dell'investigatore Antonio Esposito

Mozzarella in carrozza

Ingredienti:

pane bianco
uova
latte
mozzarella
olio
sale
farina

Tagliate il pane e la mozzarella in fette uguali. Mettete la mozzarella in mezzo al pane (come in un panino) e coprite tutto con la farina. Rompete le uova in un piatto, aggiungete un po' di sale e un po' di latte e girate con una forchetta. Bagnate il panino nel piatto e poi friggetelo. Quando la "mozzarella in carrozza" avrà preso un colore più scuro, toglietela dal fuoco. Aggiungete ancora un po' di sale e mangiate subito.

Bruschetta

Ingredienti:

pane bianco
aglio
olio extravergine di oliva
pomodori rossi
sale

Tagliate il pane a fette e mettetelo nel forno caldo per 10/15 minuti. Tagliate i pomodori. Passate l'aglio sul pane caldo, metteteci sopra i pomodori, aggiungete un po' d'olio, un po' di sale e mangiate subito.

Spaghetti al ragù

Ingredienti per 4 persone:
olio extravergine di oliva
una cipolla gialla
una carota
aglio
1 kg. di pomodori
250 gr. di carne macinata
basilico
formaggio Parmigiano
500 gr. di spaghetti

Tagliate in fette molto piccole la cipolla, l'aglio e la carota e mettete tutto in una pentola con un po' d'olio. Cuocete per qualche minuto con il fuoco molto basso e spegnete quando la cipolla diventa rossa.
A questo punto aggiungete la carne, i pomodori, il basilico e il sale. Lasciate cuocere per un'ora circa.
Quando il "ragù" è quasi pronto, bollite in una pentola grande 4 litri d'acqua con un po' di sale e cuocete gli spaghetti. Poi metteteli in un piatto grande insieme al ragù e al Parmigiano. Infine portate a tavola e... buon appetito!

Tagliare, mettere, cuocare, spegnere
aggiungere, lasciare, essere, bollire, cuocare
mettere, portare
accendere

Frittata di cipolle

Ingredienti per 4 persone:
600 gr. di cipolle
8 uova
formaggio Parmigiano
olio extravergine di oliva
sale
pepe

Tagliate le cipolle a fette e cuocetele in una padella insieme a un po' d'olio. Rompete le uova in un piatto e aggiungete il formaggio Parmigiano, il sale e il pepe. Girate con una forchetta e poi mettete tutto nella padella insieme alle cipolle. Cuocete per alcuni minuti.

ESERCIZI Parte prima - Capitoli I - II

1 • Vero o falso?

	V	F
a. Antonio Esposito ama la buona cucina.	☐	☐
b. Il padre di Margaret è morto da poco.	☐	☐
c. Margaret ha trovato lavoro come cameriera.	☐	☐
d. Margaret è scomparsa senza dare notizie.	☐	☐
e. Antonio Esposito ama bere la grappa.	☐	☐
f. Bruno Mozambo è un uomo di colore e magro.	☐	☐

2 • Completa il testo con i verbi all'imperfetto, al passato prossimo o al trapassato prossimo.

– Si chiama Margaret – continua la donna – Margaret Olmi. Suo padre (*essere*) ______________ italiano. (*Morire*) ______________ quando Margaret (*essere*) ______________ ancora bambina. Dopo la sua morte io e mia figlia (*continuare*) ______________ a vivere in America. Una vita normale... Poi Margaret (*compiere*) ______________ vent'anni ed (*venire*) ______________ in Italia. Qui a Milano (*trovare*) ______________ lavoro come modella. (*Sembrare*) ______________ felice. Mi (*telefonare*) ______________ spesso, all'inizio. Ma poi...

– ...poi non (*avere*) ______________ più ______________ sue notizie – conclude Esposito.

– Sì, è così.

– Le (*dire*) ______________ per chi lavorava?

– Mi (*parlare*) ______________ di un certo Bruno Mozambo, uno stilista che fa dei vestiti particolari, di stile africano... Questo è tutto.

Via Montenapoleone

Se Milano è la città italiana della moda, via Montenapoleone è la via di Milano dove si trovano i più importanti negozi e i saloni delle case di alta moda mondiale.
Solo per fare alcuni nomi, qui potrete trovare uno dopo l'altro i marchi di Armani, Dolce & Gabbana, Prada, Versace, Louis Vitton e molti altri.
Anche il turista non interessato alla moda non potrà fare a meno di passare per via Montenapoleone, perché comunque è una parte della storia di Milano e della sua identità.

3 • Completa il testo con le parole della lista.

atelier	di colore	grappa	investigatore	indagini
sfilare	sculture	tappeto	tramontare	

L'_investigatore_ Antonio Esposito ha appena finito di bere un bicchiere di _grappa_ e sta pensando alle sue ultime _indagine_ su Margaret Olmi. Prima di scomparire, la ragazza aveva lavorato nell'_atelier_ di Bruno Mozambo, un tipo strano. Esposito lo ha incontrato proprio nel pomeriggio. Lo stilista era seduto su un _tappeto_ persiano e guardava _sfilare_ le sue bellissime modelle _di colore_. La stanza era molto grande, piena di quadri e di _sculture_. Da una grande finestra si vedeva il sole _tramontare_.

ESERCIZI Parte prima • Capitoli III - IV - V

1 • Scegli la frase giusta.

1. Mozambo invita Esposito
   - ☐ a. a cena.
   - ☐ b. a una sfilata.

2. A Mozambo piace leggere
   - ☐ a. libri gialli.
   - ☐ b. libri di ricette.

3. Secondo Antonio Esposito
   - ☐ a. Mozambo è simpatico.
   - ☐ b. Mozambo non ha detto quello che sa.

4. Esposito esce dall'atelier di Mozambo
   - ☐ a. con molte informazioni utili.
   - ☐ b. con molte domande senza risposta.

5. Mentre cucina, Esposito
   - ☐ a. ripensa alla giornata e a Mozambo.
   - ☐ b. ascolta musica lirica.

6. Dopo cena Esposito
   - ☐ a. riceve una telefonata anonima.
   - ☐ b. riceve la telefonata di un vecchio amico.

2 • Riordina il dialogo.

- [1] a. – Questa è la stanza delle decisioni importanti. Ci vengo per pensare. Ma mi dica, signor...
- ☐ b. – Io no. Leggo solo libri di cucina.
- ☐ c. – Perché la cerca, allora?
- ☐ d. – Esposito.
- ☐ e. – La cerco perché mi pagano. Sono un investigatore.
- ☐ f. – Un investigatore... Interessante. Io amo molto le storie poliziesche. E Lei?
- ☐ g. – No.
- ☐ h. – ...signor Esposito: quella ragazza è una sua parente?

3 • Completa il testo con le parole della lista.

dopo	fuori	molta	molto	momento
ora	poco	senza	solo	ultima	uscita

All'________________ dall'atelier, ________________ dopo, la segretaria gli sorride un'________________ volta. Esposito la saluta senza ________________ attenzione.
________________, il sole sta tramontando sulla città. Il cielo ha un colore rosa; un vento freddo attraversa Milano. A quest'________________ le strade sono piene di gente: per molti, ________________ una giornata di lavoro, è il ________________ di tornare a casa.
Esposito cammina verso la macchina. L'incontro con lo stilista non è stato ________________ utile. Nessuna informazione importante, nessuna traccia della modella, ________________ discorsi ________________ senso.

4 • Ricomponi le frasi.

1. La buona vecchia cucina di una volta
2. Esposito prende una bottiglia di grappa
3. Al primo piano di un grande palazzo
4. Le modelle si muovono
5. A Milano c'è più lavoro
6. A noi milanesi piacciono

a. dalla libreria.
b. con grande eleganza.
c. è solo un ricordo.
d. molto i soldi.
e. c'è l'atelier di Bruno Mozambo.
f. per un investigatore.

5 • Completa il testo con le preposizioni.

Mozambo e Esposito hanno parlato per lungo di tutto: l'ultimo scandalo per le tangenti, della ricetta con ragù a carne, nella situazione di Milano, piena di trafficanti di droga sempre pronti a usare la pistola. A Esposito Mozambo non è piaciuto, non gli è sembrato sincero. Quell'uomo aveva qualcosa da nascondere!

3 • Cosa cucina Esposito? Completa il testo con le parole della lista.

frittata	primo	pomodori	uova	bruschetta	
spaghetti	cipolle	secondo	antipasto	pane	carne

Prima di tutto l'antipasto: con il pane e i pomodori è possibile fare una bruschetta. Per il primo, invece, posso usare la carne e preparare degli spaghetti al ragù. Per il secondo, infine, una bella frittata con uova e cipolle.

ESERCIZI Parte seconda • Capitoli I - II

1 • Vero o falso?

	V	F
a. Esposito arriva alla sfilata in taxi.	☑	☐
b. Dopo la sfilata è previsto un cocktail.	☑	☐
c. Esposito ha comprato uno smoking per la serata.	☐	☑
d. In bagno Esposito incontra un'amica di Margaret.	☐	☑
e. Al cocktail Mozambo parla con una persona famosa.	☑	☐
f. La segretaria di Mozambo vuole parlare con Esposito.	☑	☐

2 • Completa il testo con i verbi al passato prossimo.

Esposito è seduto in una poltrona in fondo alla sala. Quando (*entrare*) ________________ nel parcheggio con la sua vecchia Volkswagen, poco fa, il guardiano lo (*guardare*) ________________ in modo strano. Esposito non (*dire*) ________________ nulla. (*Mostrare*) ________________ il suo biglietto d'invito e (*parcheggiare*) ________________ accanto alle bellissime macchine degli altri invitati.
(*Venire*) ________________ per capire: vuole conoscere questo mondo un po' misterioso della moda, studiare le sue regole, osservare le persone...

ESERCIZI Parte seconda • Capitoli III - IV

1 • Scegli la frase giusta.

1. Aida ama
   - ☐ a. l'opera lirica.
   - ☑ b. guidare veloce.

2. Aida porta Esposito
   - ☐ a. a casa sua.
   - ☑ b. davanti a un palazzo.

3. Esposito torna all'atelier e parla
   - ☐ a. con Aida.
   - ☑ b. con Mozambo.

4. Esposito trova sulla macchina
   - ☑ a. un biglietto.
   - ☐ b. una multa.

2 • Rimetti in ordine le battute del dialogo.

- [1] a. – Allora? Che cosa mi deve dire?
- 4 ☐ b. – Aida.
- 9 ☐ c. – Come fai a saperlo?
- 2 ☐ d. – Possiamo darci del tu, non credi?
- 5 ☐ e. – Aida? Come l'opera di Verdi?
- 6 ☐ f. – Sì, i miei genitori amavano la musica lirica.
- 7 ☐ g. – Magnifico. Io invece mi chiamo Antonio.
- 3 ☐ h. – D'accordo. Come ti chiami?
- 10 ☐ i. – Me lo hai detto ieri, all'atelier.
- 8 ☐ l. – Lo so.

3 • Completa le frasi con le parole della lista.

silenzio	parcheggio	velocità	stanchezza	corsa	pericoloso

a. La macchina attraversa il centro a tutta velocità.
b. Dopo una corsa in macchina, è bello camminare con i propri piedi.
c. Poi, nel silenzio, il rumore di una moto che parte.
d. Un forte dolore alla testa e una grande stanchezza.
e. Il lavoro di un detective può essere molto pericoloso.
f. Con mille pensieri nella testa, cammina verso il parcheggio.

4 • Leggi il testo e scegli se le parole date sono sinonimi (S) o contrari (C) delle parole sottolineate.

		S	C
Esposito è uscito dall'atelier molto <u>pensieroso</u>.	1. spensierato	☐	☑
Le parole di Mozambo, poco prima, erano state <u>chiare</u>:	2. comprensibili	☑	☐
doveva stare <u>attento</u>, molto attento...	3. distratto	☐	☑
Con mille pensieri nella <u>testa</u>, cammina verso il parcheggio.	4. mente	☑	☐
Un vento <u>freddo</u> attraversa la città.	5. caldo	☐	☑
Per le strade, la gente porta già i vestiti <u>invernali</u>.	6. pesanti	☑	☐
Tutto è un po' grigio, <u>malinconico</u>.	7. allegro	☐	☑

ESERCIZI Parte seconda • Capitoli V - VI

1 • Vero o falso?

	V	F
a. Esposito è un uomo puntuale.	☑	☐
b. Aida era una grande amica di Margaret.	☐	☑
c. Margaret aveva problemi con la droga.	☑	☐
d. Aida è l'amante di un politico importante.	☐	☑
e. Esposito va alla Scala per vedere un'opera.	☐	☑

2 • Scegli l'opzione corretta.

Aida **andava/è andata** via. Lo **ha lasciato/lasciava** in mezzo alla piazza, come uno stupido. Che cosa **hanno significato/significavano** le sue parole? Non **riusciva/è riuscito** a capire... Con la sigaretta accesa, **camminava/ha camminato** verso la Scala. **Ha fatto/Faceva** molte volte questa strada. In quel teatro **vedeva/ha visto** tanti spettacoli. Davanti all'entrata, a quest'ora, non **c'è stato/c'era** nessuno. Il pomeriggio non **c'erano/ci sono stati** spettacoli.

Piazza della Scala

La Milano di Esposito

L'investigatore Esposito si muove nel centro di Milano e nei luoghi più importanti della città:

Piazza Castello
È la piazza davanti al Castello Sforzesco, uno dei più grandi castelli d'Europa.

Piazza del Duomo
Il Duomo di Milano è uno dei simboli d'Italia e la sua piazza è il cuore turistico della città. I lavori per la sua costruzione sono iniziati alla fine del Trecento e sono finiti solo nel 1774, con la *Madunina* d'oro, la statua della Madonna che è il simbolo della città.

Piazza della Scala
Per andare da piazza del Duomo a piazza della Scala si attraversa a piedi la Galleria Vittorio Emanuele, un passaggio coperto in cui si trovano i caffè più eleganti della città. Alla fine della galleria siete di fronte al Teatro alla Scala, uno dei più famosi e prestigiosi del mondo. Ancora oggi, la "prima della Scala", cioè la serata di apertura della stagione lirica, è un evento culturale e sociale molto importante.

ESERCIZI Parte seconda • Capitoli VII - VIII

1 • Scegli la frase giusta.

1. Nell'appartamento di Margaret
   - [x] a. vive un ragazzo.
   - [ ] b. non abita più nessuno.

2. Esposito trova
   - [ ] a. un libro di Margaret.
   - [x] b. un quaderno di Margaret.

3. Il palazzo ha
   - [ ] a. due appartamenti.
   - [x] b. due uscite.

4. Due uomini hanno preso
   - [x] a. la borsa di Margaret.
   - [ ] b. un vestito di Margaret.

2 • Leggi il testo e scrivi il contrario degli aggettivi e dei verbi sottolineati, come nell'esempio.

Via dei Platani è una strada (a) <u>stretta</u>, con (b) <u>molti</u> alberi. Al numero tre c'è un palazzo di quattro piani. Di fronte, un (c) <u>piccolo</u> bar.
"Fa (d) <u>freddo</u> – pensa Esposito quando arriva – "Prima di (e) <u>salire</u>, ho bisogno di una grappa".
Il detective (f) <u>entra</u> nel bar e beve un bicchiere. Il barista, un uomo di cinquant'anni con una (g) <u>pesante</u> camicia marrone, sta guardando il telegiornale.

a. larga
b. poco
c. grande
d. caldo
e. scendere
f. esce
g. leggera

3 • Scegli le preposizioni corrette.

È sceso **sulle/dalle/nelle** scale **in/di/nel** un secondo. È arrivato **sul/nel/al** piano terra ed è uscito dalla parte di via delle Querce.
Sulla/Alla/Nella strada, a trenta metri di distanza, due uomini **con/su/nella** una borsa rossa.

– Fermi! – grida.

Troppo tardi. Appena lo vedono, i due uomini salgono **da/su/in** una moto e partono.
"La stessa moto... Sono gli uomini di ieri sera. Ed io non ho la macchina **per/da/a** seguirli. Che stupido..."

– Taxi, signore?

Un tassista, un uomo anziano con i capelli bianchi, si è fermato accanto **con/ad/al** Esposito.

– Presto, segua quella moto!

I Navigli

Non tutti lo sanno, ma un tempo Milano era una città piena di canali, un po' come Venezia! Questa grande rete di canali è stata una caratteristica di Milano fino al 1800. Delle tante vie d'acqua che la attraversavano, rimangono ora solo il Naviglio Grande e il Naviglio Pavese, e i milanesi chiamano tutta questa zona "i Navigli": è un'area piena di bar e ristoranti che si riempiono di giovani e turisti soprattutto d'estate, quando è possibile sedersi all'aperto.

ESERCIZI Parte terza

1 • Vero o falso?

	V	F
a. Margaret viene in Italia perché ha trovato un lavoro.	☐	☑
b. Dopo pochi giorni, Margaret va a fare una gita fuori Milano.	☑	☐
c. Margaret vede Di Siviglia nell'atelier di Mozambo.	☑	☐
d. Margaret accetta subito l'invito di Di Siviglia.	☐	☑
e. Di Siviglia usa Margaret per trasportare droga.	☐	☑
f. Mozambo e Di Siviglia fanno affari poco puliti.	☑	☐
g. Margaret non vuole più lavorare per l'Organizzazione.	☑	☐

2 • Completa il testo con il passato prossimo o l'imperfetto dei verbi.

17 gennaio

(*Io- trovare*) ho trovato un lavoro! Oggi (*essere*) sono stato nell'atelier dello stilista Bruno Mozambo; (*sapere*) sapevo che (*stare*) stava cercando delle nuove modelle per le sue sfilate. Quando (*arrivare*) sono arrivata (*esserci*) c'erano anche altre ragazze, ma molte non (*andare*) andavano bene: o (*essere*) erano troppo basse, o troppo alte, o troppo giovani... Lui (*scegliere*) ha scelto me e due altre modelle, una spagnola ed una svedese.

3 • Trova le cinque parole nel crucipuzzle e completa le frasi.

a. Oggi mi sono alzata presto. Ho preso il treno delle sette e sono scesa nella stazione di un piccolo paese, vicino ad un lago.
b. Non c'erano case, ma solo un piccolo ristorante e un antico convento.
c. Nel ristorante ho ordinato qualcosa da mangiare; mi hanno dato un piatto buonissimo, dal nome strano: "mozzarella in carrozza".
d. Mozambo è un uomo molto originale, un vero artista.
e. Ogni volta che c'è uno scandalo i giornali scrivono il suo nome.

C	A	R	R	O	Z	Z	A	T	S
G	U	B	T	N	A	N	M	E	C
L	I	E	A	N	A	V	B	L	A
A	R	T	I	S	T	A	D	N	N
G	I	T	E	B	R	T	E	A	D
O	F	I	L	A	E	A	L	L	A
T	A	G	T	Q	N	T	L	O	L
S	T	A	Z	I	O	N	E	T	O
C	O	N	V	E	N	T	O	P	Z

ESERCIZI Epilogo

1 • Scegli la frase giusta.

1. Margaret è nel convento perché
   - [ ] a. è diventata suora.
   - [x] b. è un posto sicuro dove stare nascosta.

2. Esposito vuole
   - [ ] a. uccidere Margaret.
   - [x] b. parlare con Margaret.

3. Kate vuole uccidere
   - [x] a. Margaret e Antonio Esposito.
   - [ ] b. solo Margaret.

4. Esposito ha capito dove era Margaret
   - [ ] a. perché è una località sul lago.
   - [x] b. per la mozzarella in carrozza.

2 • Completa il testo con i pronomi.

– È bello qui. Calmo, silenzioso... Un posto magnifico per nasconder si.

Mentre parla, cammina per la stanza. Osserva i pochi mobili: il letto, il tavolo, una sedia... si accende una sigaretta.

– Cosa aspetta ad uccider mi? – dice Margaret – Conosco le regole dell'Organizzazione. So che è venuto per questo.
– Ti sbagli. Non sono venuto per uccider ti.
– Come?
– Vedi Margaret, tu non mi conosci ma io so bene chi sei.

3 • Completa il dialogo con i verbi della lista nei modi e tempi corretti.

dire	cercare	volere	morire	capire
dare	trovare	sapere	venire	

– Quando ___ho trovato___ il tuo diario, ___ho capito___ tutto: che Mozambo non ___non sapeva___ niente e che tu stavi scappando perché quelli dell'Organizzazione ti ___volevano___ uccidere.

– È così – dice Margaret – Ma Lei perché mi ___cerca___? Cosa vuole da me?

– Sono un investigatore. Qualche giorno fa ___è venuta___ una donna, nel mio ufficio. Mi ___ha dato___ molti soldi per indagare sulla tua scomparsa. ___Ha detto___ di chiamarsi Kate Maxwell e di essere tua madre.

– Cosa? Mia madre? Ma ___è morta___ due anni fa!

Lago di Como

È il terzo lago più grande d'Italia, famoso per la bellezza della natura e del territorio, ma anche perché qui è ambientato il primo grande romanzo italiano: "I promessi sposi" di Alessandro Manzoni.

Il lago prende il nome dalla città di Como, al confine con la Svizzera. Molti turisti visitano ogni anno la città e il lago per la pace e la tranquillità del posto, che hanno attirato anche famose star di Hoolywood, come per esempio George Clooney, che ha comprato una villa con vista sul lago.

SOLUZIONI ESERCIZI

Parte prima

Capitoli I - II

1• V: a, d, e; F: b, c, f • 2• era, È morto, era, abbiamo continuato, ha compiuto, è venuta, ha trovato, Sembrava, telefonava, ha *più* avuto, aveva detto, aveva parlato • 3• investigatore, grappa, indagini, atelier, tappeto, sfilare, di colore, sculture, tramontare

Capitoli III - IV - V

1• 1/b; 2/b; 3/b; 4/b; 5/b; 6/a • 2• 1/a; 2/d; 3/h; 4/g; 5/c; 6/e; 7/f; 8/b • 3• uscita, poco, ultima, molta, Fuori, ora, dopo, momento, molto, solo, senza • 4• 1/c; 2/a; 3/e; 4/b; 5/f; 6/d • 5• a, dell', delle, della, del, di, della, di, a, da • 6• antipasto, pane, pomodori, bruschetta, primo, carne, spaghetti, secondo, frittata, uova/cipolle, cipolle/uova

Parte seconda

Capitoli I - II

1• V: b, f; F: a, c, d, e • 2• è entrato, ha guardato, ha detto, Ha mostrato, ha parcheggiato, È venuto

Capitoli IIII - IV

1• 1/b; 2/b; 3/b; 4/a • 2• 1/a; 2/d; 3/h; 4/b; 5/e; 6/f; 7/g; 8/l; 9/c; 10/i • 3• a. velocità; b. corsa; c. silenzio; d. stanchezza; e. pericoloso; f. parcheggio • 4• 1/C; 2/S; 3/C; 4/S; 5/C; 6/S; 7/C

Capitoli V - VI

1• V: a, c; F: b, e, d • 2• è andata, ha lasciato, significavano, riusciva, camminava, Ha fatto, ha visto, c'era, c'erano

Capitoli VII - VIII

1• 1/a; 2/b; 3/b; 4/a • 2• a. larga; b. pochi; c. grande; d. caldo; e. scendere; f. esce (dal bar); g. leggera • 3• dalle, in, al, Sulla, con, su, per, ad

Parte terza

1• V: b, c, f, g; F: a, d, e • 2• Ho trovato, sono stata, ho saputo, stava, sono arrivata, c'erano, andavano, erano, ha scelto

3• a. treno, stazione, lago; b. convento; c. carrozza; d. artista; e. scandalo

C	A	R	R	O	Z	Z	A	T	S
G	U	B	T	N	A	N	M	E	C
L	I	E	A	N	A	V	B	L	A
A	R	T	I	S	T	A	D	N	N
G	I	T	E	B	R	T	E	A	D
O	F	I	L	A	E	A	L	L	A
T	A	G	T	Q	N	T	L	O	L
S	T	A	Z	I	O	N	E	T	O
C	O	N	V	E	N	T	O	P	Z

Epilogo

1• 1/b; 2/b; 3/a; 4/b • 2• *nasconder*si, si, *uccider*mi, ti, *uccider*ti, mi •

3• ho trovato, ho capito, sapeva, volevano, cerca, è venuta, ha dato, Ha detto, è morta